BIEN-ÊTRE GÉNÉRAL.

POUR TOUTES LES CLASSES DE LA SOCIÉTÉ.

Je soumets à votre bon jugement cette petite brochure.
J'ai vécu avec toutes les classes de la société et je crois
avoir saisi tout le bon sens et le bon vouloir qu'elles possèdent entre elles et particulièrement dans la classe ouvrière; ouvrier moi-même, aujourd'hui établi et désirant
qu'une voie d'amélioration s'ouvre pour nous et pour
ceux de l'avenir. C'est pourquoi je vous soumets cet ouvrage fait par un cœur consciencieux et je pense que
votre concours n'y fera pas défaut. Ce que je vous propose ne vous paraîtra pas facile à résoudre; mais, après de
mûres réflexions, vous paraîtra la chose la plus faisable :
avec l'aide de tous nous pouvons faire de grandes choses.
Il dépend de nous, ouvriers et industriels de montrer
l'exemple aux riches par de grandes privations et je peux
dire des souffrances, pour venir en aide à nos pères et
mères ainsi qu'à nos frères et sœurs qui ont passé cinquante ans, et à nous-mêmes quand nous aurons atteint
l'âge ou nous devons recevoir à notre tour, alors que nos
enfants paieront pour nous.

Imprimerie d'A. Sirou, 110, rue Saint-Jacques.

BIEN-ÊTRE GÉNÉRAL

POUR TOUTES

LES CLASSES DE LA SOCIÉTÉ

PROJET D'ORDRE

POUR ASSURER UNE EXISTENCE HONNÊTE POUR TOUS ET PAR TOUS

PAR UN OUVRIER.

Le degré des âges, le Drapeau français et la vraie Fraternité ; une rente
viagère nationale pour toutes les personnes qui ont atteint
cinquante-et-un ans, elles commenceront à toucher cette rente, qui
leur sera faite par un système de contribution basé sur
20,000,000 de personnes dans la force de l'âge, de vingt à
cinquante ans ; ce système n'est pas périssable, à
moins que Dieu le veuille Ce système est suivi d'un autre pour
assurer du travail aux ouvriers et un bien-être pendant
notre existence ; de plus, ce système garantit la fortune à ceux qui
ont le bonheur d'en posséder ou d'en acquérir par le travail.

PARIS.

CHEZ L'AUTEUR L.-T. VOISIN,

125, rue Saint-Jacques.

—

1849

RÉFORMES.

Citoyens, voici le moment des élections qui approche : nous devons nous préparer d'avance afin d'envoyer à l'Assemblée législative des hommes qui parlent peu, mais qui votent bien toutes les réformes à faire et les contributions à prélever. Je crois devoir soumettre à votre jugement celles qui, selon moi, contribueraient puissamment au bien-être général. Nous sommes ouvriers et nous devons donner l'exemple aux riches pour arriver à un système essentiellement praticable.

Tout homme ou femme arrivé à l'âge de majorité devrait déclarer la fortune qu'il possède afin de payer des contributions selon sa fortune. Ainsi donc nos législateurs doivent nous faire des lois qui imposent ce qui doit être imposé. Nous, ouvriers, nous avons 1000 francs de placés : cet argent devrait être imposé de 10 francs du mille par an, et il restera encore 40 francs du mille à celui qui aura le bonheur d'en amasser, cela n'est pas facile par le temps qui court. Depuis que le déluge est passé sur la terre trois choses ont toujours existé. Ces trois choses sont là terre, les hommes et les femmes, et l'argent ce métal qui a été si mal distribué jusqu'a nos jours, pourrait produire un meilleur résultat, et le moyen de le faire mouvoir de manière à produire un bien-être général pour la société et pour qu'en France ; chacun ait son nécessaire pour la vie.

Voici ma pensée : que tout citoyen, ouvrier, industriel, négociant, ou rentier fasse appel à son bon jugement et que l'on nous fasse une loi qui serait approuvée par vingt-cinq millions d'habitants français, arrivés à l'âge de vingt ans, sur lesquels reposeront les économies que nous pourrons faire afin d'assurer l'avenir de chacun quand les forces commencent à nous quitter, à cinquante ans.

Voici mon projet :

Les hommes et les femmes arrivés à l'âge de vingt ans payeraient un franc de contribution par semaine jusqu'à cinquante ans ; à cinquante-un ans ils toucheraient une pension viagère produite par cette contribution. Mais j'ai pensé à faire une exception pour toutes les personnes qui venant à acquérir deux mille francs de rente, soit par leur travail, soit par héritage, à tout âge, n'auraient plus besoin de recevoir la part à laquelle ils auraient contribué, jusqu'a cinquante ans. A partir de cet âge, ils ne paieront plus cette contribution, du moins elle ne sera plus obligatoire pour personne ; mais ceux qui voudront continuer de payer jusqu'à la fin de leurs jours pourront le faire, leurs noms seraient inscrits sur une table de marbre pour servir d'exemple aux cœurs généreux pour l'avenir. C'est à nous, ouvriers, de montrer l'exemple.

Je répète que trois choses ne sont pas périssables, ces trois choses sont : premièrement la terre, les hommes ainsi que les femmes qui se succèdent constamment, et l'argent qui est la cause de tant de maux et de tant de discorde dans la société humaine, faute d'une bonne administration, fondée sur toute la société en France.

Nous disons quil y a trente-cinq millions d'habitants ; je dispose la société en trois catégories : premièrement d'un an à vingt ans ; dix millions de personnes se font vivre dans cette catégorie, de vingt ans à cinquante ans, vingt millions tant hommes que femmes vivent aussi. Nous devons nous imposer une contribution de un franc par semaine.

Chaque personne qui aura atteint l'âge de vingt ans payera jusqu'à cinquante ans révolus. Arrivée à cet âge elle recevra sa part des vingt millions de francs qui seront

déposés, je suppose, tous les dimanches avant midi ; puis
les cinq millions d'hommes ou femmes qui auront passé
l'âge de cinquante-un ans viendront recevoir les vingt
millions qui auront été déposés le matin par les contribuables ce qui fera vingt millions de francs par semaine.
De sorte que un homme et sa femme qui auraient atteint
l'âge de cinquante ans recevraient chacun deux cent-
huit francs par an ce qui fera quatre cent seize francs
pour l'homme et sa femme par an. Vous voyez quel bien
cette loi ferait à toutes les familles des travailleurs, ainsi
qu'à toutes celles qui possèdent déjà un petit bien- être ; et
ceux qui possèdent beaucoup seraient certains de le conserver par le mouvement perpétuel de la société qui se
sera mise en fraternité par cette loi qui serait obligatoire
pour tous ; quelle est donc la personne qui, après avoir
bien réfléchi qu'elle vient en aide à son père à sa mère
et à elle-même puisqu'elle recevra cette pension à l'âge
de cinquante ans accomplis pourra refuser de prendre
part à cette cotisaion ; celui qui ne connaît pas sa famille bénira la société du bien qu'elle lui aura fait, arrivé
à l'âge de recevoir ce bien-être. Si nous n'adoptons pas
ce projet la société est bien malade. Où pourrons-nous pla-
cer le peu d'économie que nous pourrons faire dans des
temps meilleurs ? où sera notre garantie ? il n'y en a nulle
part, je défie qui que ce soit d'en trouver une meilleure
que celle que je propose ; si je suis à la campagne jour-
nalier, si je fais quelques économies d'argent, où les pla-
cerai-je ? pour ne pas les perdre. Je ne puis pas les
mettre à la caisse d'épargne pour le recevoir intactes
le jour où j'en aurai besoin pour remplir mes engagements ou que j'aurais faim , il faudrait en perdre
la moitié pour les ravoir. La meilleure garantie est donc
perdue jusqu'à ce jour ; c'est donc à nous d'en chercher
une. Ce que je propose n'est pas nouveau , on le pra-
tique dans toutes les administrations, beaucoup de so-

ciétés le font en petit et parmi lesquelles il est à craindre
que le caissier ne parte avec la caisse des contribuables.
Mon projet offre toutes les garanties pour la société française et son gouvernement : voilà comment je comprends
la fraternité.

Je prévois beaucoup d'observations à l'égard de ceux
qui n'ont pas leur nécessaire du moment et pour le temps
à parcourir avant de recevoir la pension dont j'ai parlé et
pour laquelle il faudra payer 1 fr. par semaine, homme et
femme. Eh ! bien je prévois que la tâche est rude pour
ceux-là ; ils sont les plus interressés à ce que cette loi
existe pour les protéger. Je connais plusieurs familles où
il y a quatre, cinq et six enfants dont les femmes font des
calçons à 15 centimes la pièce ; nous devons donc demander une augmentation pour ces objets et un tarif qui
fixerait à 30 centimes ce qui est payé 15 centimes maintenant. Les hommes qui ne gagnent que 1 ou 2 et 3 francs
par jour, ne peuvent pas suffire pour faire vivre huit personnes dont six enfants, il faut donc que la société vienne
en aide à ces familles de travailleurs, qui ont quelquefois leurs vieux parents à leur charge quand ils n'ont pas
de pain pour eux ; l'on va me dire ceux-là ne pourront
pas payer la contribution ; je réponds aux contraire ils le
pourront puisque leurs pères et mères recevront tous
les dimanches chacun 4 ou 5 francs de rente. Que la société toute entière se vienne en aide ; l'ouvrier entretient
la fortune du riche par son travail le riche de son côte
entretiendra l'ouvrier de travail par sa fortune et en
payant pendant trente ans sa contribution personnelle
pour venir en aide aux travailleurs quand leur forces
commencent à les quitter. Ceci établi, personne n'aura le
droit de se plaindre puisque nous nous viendrons en aide
les uns aux autres et chacun selon sa force et sa fortune.

L'on va me dire qui me garantira que dans trente ans

je recevrai? où est la garantie ? Je répondrai : dans les vingt-cinq millions d'hommes et de femmes majeurs.

Qui voudra retirer cette rente à son vieux père? et à celle qui l'a porté neuf mois dans son sein, et qui lui a donné le jour ? non, nous ne nous révolterons pas contre cette loi toute paternelle et fraternelle; plus encore c'est pour mon frère aîné, pour moi et pour mes enfants, à qui le salaire de ma journée ne suffit pas pour leur stricte nécessaire. Quand l'homme a cinquante ans révolus, on regarde à deux fois pour l'employer dans les ateliers, si c'est un domestique il perd sa place parce qu'il est trop vieux, à moins qu'il ne soit chez de braves gens qui ont de la considération pour les bons services qui leur a rendu pendant de longues années, et le nombre en est très-petit.

DEMANDE

Celui que le sort appellera à l'état de simple militaire pour servir la patrie pendant cinq ou sept ans, comment fera-t-il pour payer la contribution personnelle de 1 fr. par semaine, il me semble que l'on pourrait mettre quelques centimes additionnels sur les contributions déja établies.

Il me semble aussi que nous pourrions bien ne donner que 15 fr. par jour d'indemnité à nos législateurs pour faire face à cette dépense. Avant de faire imprimer cette petite brochure pour la livrer à votre bon jugement jai communiqué mon idée a plus de trois cents personnes appartenant à toutes les classes de la société; j'ai ren-contré peu d'objections auxquelles j'ai répondu et que j'ai réduites au néant.

La question la plus difficile à résoudre c'est la mauvaise volonté ; quand on veut faire le bien on le peut, le tout est de le vouloir.

Je connais beaucoup de familles pauvres, très-pauvres qui feront de grands efforts pour payer la contribution personnelle pour, qu'à l'âge de cinquante ans, être plus à leur aise. Quand nous contractons des habitudes, nous trouvons toujours le moyen de les satisfaire, par d'autres privations, il est vrai, il en sera de même pour la contribution jusqu'à cinquante ans.

PÉTITION

A L'ASSEMBLÉE NATIONALE,

POUR LE RÉTRÉCISSEMENT DES ROUTES ET POUR RENDRE
A L'AGRICULTURE LE TERRAIN QUE LES CHEMINS DE
FER LUI ONT PRIS, ET EN MÊME TEMPS CRÉER
DU TRAVAIL.

—

Citoyens je viens de faire un petit voyage à 25 lieues de Paris, j'ai remarqué que les routes se trouvent beaucoup plus larges qu'il n'est nécessaire pour le passage des voitures. J'ai calculé que 6 mètres pourraient en être retranchés pour être donnés à l'agriculture, il resterait encore de quoi passer quatre voitures de front avec l'emplacement nécessaire pour qu'elles ne se heurtent pas.

Voici comment j'entends le remaniement des routes nationales : particulièrement celles qui sont les plus fréquentées : je crois qu'il serait désirable de les voir disposées en deux chaussées et un trottoir sur chaque côté des deux rives, de sorte qu'il y aurait trois ruisseaux dont un entre les deux chaussés et les autres le long des trottoirs ; plus une berge de terre à la hauteur d'un mètre au-dessus du trottoir et d'un mètre de large également qui borderait les routes et les champs au lieu de fossés ; ensuite pour l'écoulement des eaux il y aurait de distance en distance de petites voûtes sous ces berges pour le passage des eaux.

POUR LE PASSAGE DES EAUX.

Avant de combler les fossés on ôterait la bonne terre

qui s'y trouve : on mettrait des pierres puis un lit de bois que l'on aura soin de faire charboner ; on l'étendra sur les pierres, plus une couche de feuilles d'arbres mêlées de mousse et l'on remettrait de la terre par dessus pour les combler entièrement ; ceci fait servirait à engloutir l'eau qui séjourne dans les terrains plats ; plus ceci tiendrait frais les pieds des arbres à fruits que l'on planterait le long de ces berges de terre, et par le moyen de ces petites voûtes l'eau s'échappera en petite quantité. Pour engloutir les grandes eaux on creusera les endroits ou elles séjournent habituellement afin d'en avoir en réserve en cas de disette dans les temps secs qui se prolongent quelquefois trop longtemps.

Partout où le sol le permettrait, les chaussées seraient pavées, l'une en pavés, l'autre en blocage. Pour les routes peu fréquentées une seule chaussée avec deux trotoirs également de chaque côté et une berge comme aux autres. De sorte que par toute l'étendue des routes que nous avons en France nous aurions beaucoup de terrains excellents et d'un grand rapport vu que cette terre est vierge. Je désirerais aussi qu'on obligeât les riches propriétaires qui ont de grandes allées qu'ils laissent en friche pour leur agrément ou des chemins communs qui ont aussi plus de largeur qu'il est nécessaire, à les faire rétrécir et à les bien entretenir. Pour former les berges dont j'ai parlé ci-dessus, on applanirait les parties hautes des routes ainsi que les côtes voisines, et comme il passe très-souvent des voitures vides attelées de plusieurs chevaux, on pourrait requérir sur le passage même les voituriers afin qu'ils attèlent un ou deux chevaux à un tombereau qui se trouverait chargé de terre tout prêt sur la route sans lui causer de dérangement, de sorte qu'un autre dans le sens inverse ramènerait les tombereaux vides. Ceci serait d'une grande utilité sans causer de dérangement aux voituriers qui passeraient sur ces routes nationales.

Réflexions sur un nouveau système d'impôt.

Citoyens, je vais vous parler de deux catégories d'hommes composant la société aisée : premièrement, celle industrielle qui paye une patente selon le commerce qu'elle fait, et en plus, elle paye des contributions indirectes immenses qui montent plus ou moins haut, selon les produits qu'elle emploie. Cette classe se livre au travail depuis l'aube du jour jusqu'à dix et onze heures du soir, d'un bout à l'autre de l'année ; cela avec une somme de 25 à 30,000 fr. pour en réunir un bénéfice de 2 à 4,000 fr. afin de subvénir aux besoins de sa famille. Vous voyez donc que cette classe paye sa dette à la société, tandis que l'autre, dont je veux parler, n'est composée que d'employés publics de 2 à 25,000 francs. Cette catégorie d'hommes jusqu'à ce jour, a toujours reçu l'argent des contribuables, sans jamais payer de contributions pour l'argent qu'ils gagnent avec beaucoup plus de facilité que les industriels, puisque le premier janvier ils peuvent dire : j'occupe tel emploi qui me donne 10 à 15,000 francs. en me conduisant toujours bien, je suis sûr que cet emploi ne m'échappera pas et au bout de trente ans de service une rente viagère m'attend, je puis être tranquille, j'ai un bel avenir.

Il est donc à désirer, Citoyens, que ces employés soient imposés d'une contribution de 25 francs par 1,000 francs, de sorte que l'employé aux gages de 20,000 francs, payerait une contribution de 500 francs. A ce titre nous viendrons tous en aide les uns aux autres, et l'on n'entendrait plus les plaintes de ces hommes, disant avec juste raison : Vous coûtez toujours à l'État sans lui rien donner qu'un faible travail ; ceci adopté, chacun y contribuerait donc pour sa part, selon sa position, la seule égalité possible.

J'ai encore à vous parler du célibat de l'homme à l'âge de vingt-cinq ans. Celui-là pourrait bien payer une patente de vieux garçon, de 25 à 200 fr. selon sa fortune toujours au-dessus de deux mille francs de rente, afin de venir en aide à la mère patrie, pour élever ces petits enfants abandonnés des auteurs de leurs jours. Ces hommes appartiennent ordinairement à la classe aisée, il faut qu'ils contribuent à l'entretien de ces enfants, c'est le seul moyen d'arriver à l'amélioration. N'oubliez pas, citoyens, que c'est un onvrier qui vous demande toutes ces améliorations et qu'il pense que la majorité des Français est de son avis.

Impôt proportionnel.

Voici ce que j'entends par impôt proportiounel. Je suis ouvrier, j'ai 1,000 fr. à la caisse d'épargne, c'est toute ma fortune pour le moment ; je l'impose de 10 fr. par an.

De sorte qu'à Paris, nous serions cent mille dans cette catégorie ; au bout de l'année cela nous ferait 1,000,000 dans notre caisse ; j'admets que nous soyons vingt mille ouvriers sans travail pendant deux ou trois mois de l'année, ce qui est arrivé toujours jusqu'à présent. Je prends 50,000 fr. pour mille ouvriers terrassiers et je les emploie à abaisser le sommet d'une montagne dans un bas-fond que je réduis en plateau d'une pente douce sur laquelle on pourra planter des graines utiles au genre humain ; que, jusqu'alors, cette masse informe avait été un obstacle pour les voyageurs et sans aucun produit ; ces ouvriers, d'un autre côté, auraient donné le nécessaire à leurs familles et à eux-mêmes. On pourrait, afin que ces travaux ne fûssent interrompus en aucune saison de l'année, avoir des tentes suspendues au-dessus des travailleurs pour qu'ils ne reçussent pas la pluie ou la grêle sur le corps. Par ce moyen, on pourrait parer aux plus forts obstacles de la nature. Comme vous le voyez, ces problèmes seraient faciles à résoudre avec l'aide de tous.

Enfin, je conclus que la Constitution est la mère du peuple et que les représentants sont nos tuteurs; c'est donc à eux tous que nous devons nous adresser, afin de leur demander ce qui est nécessaire pour nous rendre la vie plus supportable, ainsi qu'un enfant le fait à sa mère pour lui demander son nécessaire, jusqu'à ce que lui-même il puisse se suffire.

J'aime à croire que nos tuteurs entendront nos demandes avec bienveillance et qu'ils y feront droit. Vivons unis et soyons en paix, c'est le seul moyen de sauver la patrie.

Citoyens : le moyen de mettre tous ces projets à exécution, serait donc d'appliquer tous les systèmes d'impôts que j'ai désignés ci-dessus; plus, ceux que je vais vous désigner de nouveau. Jusqu'à ce jour les impôts des portes et fenêtres ont été cotés à peu-près au même prix. Nous devons désirer qu'il en soit autrement, il n'est pas juste que la fenêtre d'un ouvrier paye autant que la fenêtre d'un appartement de 1,000 à 6,000 francs. Je crois que l'on pourait imposer les portes et fenêtres de ces splendides maisons de 5 à 20 francs chacune, selon la valeur et le produit de la maison ou du terrain qu'elle occupe. Je propose cette augmentation pour la mettre en rapport du produit avec les habitations que les gens peu fortunés occupent, et qui produisent beaucoup par l'entassement des maisons les unes contre les autres, et n'ayant pas l'avantage de respirer le grand air comme les belles habitations qui ont et qui auront toujours ce privilége de la nature et de la fortune.

Ne croyez pas, citoyens, que ces contributions feront du tort au commerce ; au contraire, elles le favoriseront, puisque ces impôts serviront à pourvoir du travail aux ouvriers, et comme vous le savez, l'ouvrier n'a pas l'habitude de garder son argent dans un coffre, il le dépense au fur et à mesure qu'il le gagne, il retournera donc tout de suite dans les mains des producteurs. La preuve c'est que nous avons tous la maladie de nous faire plus grands et plus riches que nous ne le sommes, et plus spirituels que nous n'avons d'esprit. Et pour preuve de ce que j'avance, peu de personnes fortunées habitent les quartiers populeux, de même que les représentants ne sont pas venus se fixer au milieu de ces masses nécessiteuses, afin d'y dépenser l'argent qu'ils reçoivent, et en même temps être à même de juger le bien qu'il y a à faire et détruire les vices qui s'y engendrent par la misère, faute d'une bonne organisation. Il est donc du devoir de tous les Citoyens qui désirent une amélioration depuis si longtemps désirée, d'y prêter leur concours selon leur pouvoir.

Une réflexion sur le salaire des ouvriers qui travaillent dans les Fabriques à filer ou à tisser, comme pour tous autres genres d'états.

Jusqu'alors le salaire qu'on donne aux ouvriers qui est de 75 c. à 1 fr. 50 c. aurait besoin d'être doublé ce qui ne ferait pas une grande augmentation pour l'objet tout confectioné. Je suppose que 20 c. par kilo de fil, 20 c. par mètres d'étoffe au tisserand, 50 c. pour la façon d'un paletot léger d'été comme sur tout objet jusqu'à ce jour à trop bas prix et dont l'ouvrier gagne à peine pour son existence, objet que lui-même ne peut pas se procurer pour se couvrir. De sorte que ce même paletot dont je viens de parler peserait un kilo et produirait 2 mètres d'étoffe ; ce paletot tout fabriqué aurait donc subi l'augmentation de 90 c. ; ce paletot, dont je parle, m'a coûté 3 fr. 75 c. à la Belle-Jardinière, je l'aurais aussi bien payé 90 c. de plus, et en même temps trois personnes auraient gagné le double par jour de ce qu'elles gagnent aujourd'hui, donc il faut un tarif pour tous ces genres d'ouvrages.

Pas d'association forcée pour le travail, qu'il soit libre ! Qu'à l'âge de vingt-et-un ans, tout ouvrier qui n'aura pas réussi à apprendre un état et qui sera forcé de se faire homme de peine dans une fabrique ou atelier, reçoive un salaire qui ne puisse jamais être au-dessous de 3 fr. par jour, à Paris. Que tout homme qui entreprend un commerce quelconque soit tenu en respect par une loi pour qu'il ne se mette pas à découvert par un trop grand crédit ; qu'il soit tenu, s'il commence avec 10,000 fr., de ne pas prendre pour plus de 5,000 fr. de crédit dans le commerce. Toutefois, je lui laisserais la facilité d'accepter de la part d'un citoyen une somme quelconque qu'il lui prêterait à ses risques et périls ; je ne considérerais pas cette somme comme un crédit dans le commerce. Que tout propriétaire qui veut faire construire toute espèce de choses, soit tenu d'avoir des fonds à sa disposition pour payer l'entrepreneur ou les ouvriers au fur et à mesure que son bâtiment arrivera à tel ou tel degré ; qu'il lui reste toujours pour sa garantie un tiers des avances faites par l'entrepreneur ou l'ouvrier. Mon but ici est d'empêcher toute faillite de la part des gens de mauvaise foi ou de fausses spéculations. Quand nous serons arrivés à ce but, nous aurons fait un grand pas.

Je trouve très injuste qu'un citoyen serve sa patrie pendant sept ans sans qu'il lui soit fait remise d'une somme de 500 fr. à la fin de son service pour le mettre au même niveau que ceux de sa classe qui sont restés dans leurs foyers par l'avantage du sort, et qui, ayant la liberté, peuvent faire une économie beaucoup plus forte.

Je voudrais qu'il y eût des greniers d'abondance établis

dans chaque arrondissement du territoire français pour y recevoir des farines et du grain pour au moins l'avance de six mois; que chaque fermier fût obligé d'y déposer une certaine quantité de grains selon sa récolte, pour que le froment ne puisse jamais monter au-dessus de 45 à 50 fr. le setier dans les plus mauvaises récoltes.

Citoyens, maintenant, pour former un gouvernement fort et durable, c'est d'y prêter notre concours, notre bonne foi et notre intelligence; j'entends le suffrage universel, de tous les citoyens pour nommer les membres de la Représentation nationale. Une seule Chambre représentative doit durer trois ans, des ministres responsables et un président des ministres, qui seraient réélus tous les ans. Portez assistance au peuple étranger qui entrerait dans la même voie que nous. Un peuple grand et fort de ses droits comme le nôtre n'a rien à craindre de l'étranger; mais il faut l'union entre nous tous bons citoyens. L'administration intérieure, quand la Constitution sera établie. Nul citoyen ne pourra occuper deux emplois salariés. A soixante ans, qu'aucun citoyen ne soit en place. Tout citoyen qui aura 50,000 livres de rente ne pourra pas être admis dans les fonctions publiques salariées, à moins que la patrie ne soit en danger. Que les places soient données par voie d'élection ou de concours, afin que les pères de famille pauvres puissent être admis dans les emplois publics.

Que les employés qui sont payés 800 francs soient reportés de 12 à 1500 francs, et ceux qui sont au-dessus de 4000 fr. soient diminués de 500 fr., selon l'urgence de l'emploi; de sorte que l'employé arrivé à la place de ministre n'ait pas plus de 25,000 fr. d'appointements fixes pour le fruit de son talent et de son travail. Que tout citoyen qui possède 4,000 fr. de rentes et qui se trouve nommé à l'Assemblée nationale ne reçoive pas les 25 fr. par jour. Ils ne devraient être alloués qu'à ceux qui ne possèdent pas de rentes, et ceux qui possèdent quelque chose recevraient une indemnité selon leur fortune d'après le chiffre ci-dessus annoncé.

Que les cultes soient salariés comme tous les autres emplois publics, que le prix des mariages et des enterrements soit le même pour tous ceux qui payeraient, et que le prix qui sera payé par les citoyens soit compris dans le traitement de l'église ; que tout citoyen dont le chef de la famille aurait un livret soit marié et enterré sans aucuns frais de la part de l'église et de la mairie, et qu'il reçoive la même cérémonie. Qu'on ne soit pas obligé de payer les chaises à l'église. Tout citoyen sera libre de faire un don à son culte, et ce don sera inscrit sur un grand registre pour servir à l'entretien de l'édifice du culte.

Instruction communale gratuite pour tous : liberté d'enseignement. Pour faire face à toutes les dépenses, que l'impôt, tel qu'il est constitué pour le moment, soit conservé jusqu'à ce qu'on ait comblé la dette et que l'équilibre soit rétabli ; de plus, impôt progressif ; impôt sur les chiens de luxe, sur la volaille, sur le gibier ; impôt sur les chevaux de trait, sur es voitures (charrettes); 3 francs pour un cheval, 3 francs pour une voiture ; dans Paris et autres grandes villes, impôt plus fort sur les chevaux et voitures de luxe ; 50 francs pour un cheval, 200 fr. pour une voiture à quatre roues, traînée par deux chevaux ; impôt sur l'argent placé en rentes sur l'État et à la Caisse d'épargne, de 5 francs par chaque 1,000 francs.

Qu'il soit prélevé en première ligne une contribution de 5 fr. pour 1,000 fr. sur la propriété foncière et argent placé en rentes sur l'État ou à la caisse d'épargne et sur les caisses hypothécaires pour servir à assurer du travail aux ouvriers.

J'imposerai aussi tout objet de luxe sortant de la main du fabricant à raison de 10 francs du 1,000, comme : cabriolets, tilburys et voitures à quatre roues ; ainsi que les ameublements, tels que : canapés, divans, causeuses, fauteuils Voltaire et fauteuils de salons, glaces, pendules, statues de tous genres, tableaux et tous objets qui ne descendraient pas au-dessous de 50 francs. Que l'acheteur soit tenu de payer l'impôt des objets comme ceux qui sont achetés dans les ventes; les commerçants seraient tenus d'avoir un livre en règle des objets vendus, dont ils tiendraient compte tous les trois mois aux receveurs des contributions déjà établis, pour ne pas créer de nouveaux emplois. Les gardiens de Paris auraient à surveiller les registres des marchands de temps à autre.

Citoyens, j'attirerai aussi votre attention sur le douzième arrondissement pour y faire percer des rues; particulièrement dans le quartier de la place Maubert : je pense qu'une rue qui prendrait à celle de l'École-de-Médecine, de là au cloître Saint-Benoît, puis place Cambrai, qui couperait la Montagne-Sainte-Geneviève par la moitié, irait rejoindre la rue des Boulangers en traversant celle des Fossés-Saint-Victor et de là aboutirait à l'Entrepôt des vins; cette rue une fois percée serait un grand bien pour ce quartier si pauvre encombré de marchandises infectes. Puis, dans le faubourg Saint-Marceau où il serait très-utile d'y avoir trois ou quatre grandes rues qui traverseraient ce quartier et celui du Val-de-Grâce; dont une prendrait du jardin du Luxembourg par la rue de l'Abbé-de-l'Épée et irait rejoindre en ligne directe la Salpêtrière. Une autre dans la rue Saint-Jacques à côté du Val-de-Grâce, qui irait rejoindre la rue de l'Arbalète en face l'École-de-Pharmacie. De sorte que l'hospice militaire du Val-de-Grâce se trouverait isolé, chose essentielle pour un bâtiment de cette nature.

Une autre, comme celle des Ursulines, qui pourrait être prolongée jusqu'à la rue des Postes et au-delà. Je pense que ces projets accomplis le quartier aurait un aspect bien plus avantageux pour l'œil et la santé de ses habitants, ainsi que pour la prospérité de l'avenir.

Dans ce moment, notre quartier est dans une souffrance dont on ne peut dépeindre l'aspect, il faut l'habiter continuellement pour en connaître tous les besoins. Maintenant plus que jamais nous avons besoin que le conseil municipal de la ville de Paris y jette un regard de pitié, afin de lui faire changer de face. La révolution de février y avait soufflé un air nouveau, mais la réaction de juin l'a fait disparaître; particulièrement dans les imaginations craintives, presque tous les gens un peu aisés ont fui après l'émeute, craignant de ne pas y être en sûreté. Il est donc très nécessaire pour que ce quartier ne reste pas maudit, qu'il y soit fait de grands changements et qui ne deviendraient pas très-coûteux à la ville, puisque les terrains ne sont pas d'une grande valeur et que les propriétés qui s'y trouvent sont généralement en ruines, de sorte que si des rues étaient faites dans ce quartier comme j'ai eu l'honneur de vous le soumettre plus haut, la populace se trouverait déplacée, elle prendrait un air et un langage nouveau, ce qui ressemblerait à la Chaussée-d'Antin, vu que les loyers y seraient à moitié plus bas prix, et que les gens qui auraient des enfants dans les lycées et dans les pensions viendraient s'y fixer. Tant que l'on n'aura pas remédié à ce malaise, nous serons toujours souffrants. Un coup-d'œil sur le Luxembourg du côté de la rue de l'Est et de celle de l'Ouest : deux grands murs bordent ces jardins, c'est une image bien triste pour les vis-à-vis et les promeneurs dans l'intérieur de cette enceinte qui ressemble à un jardin d'hospice. J'ai pensé que l'on pourrait mettre sur toute la longueur de ces deux faces une grille en fer posée sur une base en pierre, et pour que cette grille soit posée sans aucun frais, l'on pourrait mettre en vente une bande de terre de 40 mètres de large sur toute la longueur de ces deux faces, avec la condition que ceux qui feraient l'acquisition de cette terre y feraient bâtir des maisons de deux à trois petits étages pour ne pas retirer l'air de ce beau jardin ; de plus, les propriétaires seraient obligés de laisser de dix à vingt mètres de terre le long de la grille destinés à des jardins à eux appartenant.

Citoyens, je pense qu'il serait aussi très nécessaire que l'Assemblée fît un décret pour empêcher que les enfants de sept à quinze ans qui encombrent habituellement les rues, soit pour mendier, soit pour vociférer des cris et des chants, ce qui habitue ces enfants à la paresse et au vagabondage; dans ces groupes se trouvent souvent des jeunes personnes que les parents laissent abandonnées à elles mêmes il est pénible pour les gens de bien de voir ces sortes de choses. Il y a aussi des jeunes gens de quinze à vingt ans et même des gens de tout âge qui se rassemblent dans les coins des rues ou sur les places publiques, y installant des jeux de bouchons, de dés, de loto et autres ce qui entretient ces hommes dans une mollesse perpétuelle.

Depuis vingt-cinq ans que je suis à Paris j'ai toujours vu ces sortes de choses.

Je crois qu'il ne serait pas difficile de remédier à tous ces inconvénients par une loi spéciale qui serait le vœu de la nation rendue par l'Assemblée Nationale.

24 *Février*

Citoyens, ne voyez-vous pas l'être suprême qui est venu poser sa main droite dans la balance du juste, et a reposé sa gauche dans celle de l'avare et de l'égoïste, l'assassin moral qui est Louis-Philippe. Au dernier moment, voulant se rattraper aux branches de l'opposition qui depuis long-temps l'avait averti du danger qu'il courait, il essaie de nommer un nouveau ministère Molé, Thiers et Odilon-Barrot; mais ils ne peuvent s'entendre. Louis-Philippe, alors, désespéré, abdique en faveur de son petit-fils, il est trop tard. La République est proclamée et acceptée par tous les citoyens. Vive la République! Liberté, Égalité, Fraternité

Organisation du service de la Garde nationale dans l'intérêt de tous.

Nous voudrions demander que la garde nationale et la

troupe de ligne fissent conjointement le service militaire de
la ville de Paris;

Que les postes fûssent composés par tiers d'hommes de la
ligne et de gardes nationaux, dont moitié ouvriers et moitié
boutiquiers et autres personnes aisées;

Que les postes fussent relevés :

A six heures du matin, en été;

A sept heures au printemps et en automne;

A huit heures en hiver;

Tous les hommes de service se rendraient au poste le matin;

Après l'organisation du service, les boutiquiers retourne-
raient chez eux ;

Les soldats resteraient au poste pendant toute la garde, et
feraient le service, le jour, avec les ouvriers, et, la nuit, avec
les boutiquiers et les buralistes;

A onze heures du soir, l'ouvrier rentrerait chez lui avec
ses armes et recevrait trois francs pour la journée qu'il aurait perdue. Toutefois il serait obligé de se conformer aux
règlements pour toucher sa journée.

Je voudrais que l'ouvrier ne perdît pas un jour de la semaine etqu'il se reposât le dimanche.

Je désirerais aussi que tous les gardes nationaux ne pûs-
sent pas faire monter leurs gardes par un autre; que tout citoyen soit tenu de faire son service par lui-même et avec
exactitude ; qu'il n'y ait pas plus de privilége pour les riches
que pour tout autre citoyen. Je tiens beaucoup à ce que le citoyen ouvrier reçoive 3 fr. pour sa journée de garde et qu'il
ne puisse se faire remplacer que par un frère en cas de néces-
sité absolue et qui se trouverait dans la même légion. Je tiens
d'autant plus à cela que je trouve que c'est une charge très-
forte pour l'ouvrier que de faire ce service, donc il faut
absolument qu'il soit rétribué d'un salaire raisonnable pour
faire son service avec exactitude.

S'il en était autrement, la révolution serait encore un vain mot, puisqu'elle lui créérait des charges au lieu d'une amélioration positive. Je conclus que l'ouvrier monterait de douze à quinze gardes dans l'année, et que s'il n'était pas dédommagé comme je le dis ci-dessus, il se trouverait imposé d'une charge de 50 fr. de perte par an. Comme vous le voyez, la révolution serait encore à son détriment, puisque, jusqu'à ce jour, il n'avait pas ce service obligatoire comme citoyen pour subvenir à ces frais, l'on crééra de nouveaux impôts.

Ateliers nationaux.

Je voudrais qu'il y eût des ateliers nationaux pour tous les corps d'états, pour recevoir les ouvriers qui ne trouveraient pas d'occupation en ville. Dans ces ateliers, tout ouvrier qui aurait un état ne recevrait pas au-dessus de 3 fr. par jour, comme garantie de travail. L'homme de peine ne recevrait que 2 fr. 50 c. Ce tarif ne serait appliqué que dans les villes de premier ordre et progressivement, selon le besoin des localités.

Il y aurait une commission spéciale de quatre à cinq membres, pour surveiller les ateliers nationaux, sous la protection du gouvernement; mais, en dehors de ces attributions il y aurait une loi spéciale pour que tout objet qui serait fabriqué dans lesdits ateliers, ne soit pas vendu à plus bas prix que les marchandises fabriquées en ville; que toutes les marchandises transportées sur les divers points du territoire français ou à l'étranger, soient sous la protection de la même loi, de sorte qu'on n'ait à faire la concurrence qu'à l'étranger. Arrivées sur différents points où on trouverait des marchandises étrangères de même nature, taxées à un plus bas prix que les nôtres, pour en avoir l'écoulement, il faudrait, que nous en abaissions le prix après avoir dressé procès-verbal qui serait signé des autorités compétentes. Les ateliers nationaux n'auraient pas intérêt à faire concurrence aux ateliers de la ville. Le gouvernement favoriserait l'écoulement des produits français à l'étranger, de sorte que l'ouvrier ayant toujours des travaux assurés pour toute l'année, il arrivera à se donner tous ces petits objets utiles et agréables ; ces objets consistent en bon linge de corps et habillements de draps. Qui fabrique tous ces objets ? C'est l'ouvrier qui, jusqu'à ce jour, n'a pu se les procurer. Puis il se donnerait un bon gîte, et de quoi se couvrir dans les saisons froides ; plus il marchera dans l'aisance, plus il se donnera en fait de meubles : une commode, un secrétaire, glaces, pendules, tableaux, ainsi que mille autres petits objets qui sont toujours fabriqués par la main de l'ouvrier ; et, comme vous le voyez, il ferait travailler ses frères et tous les produits s'écouleraient, tous ces grabats de ménage disparaîtraient des mansardes et les propriétaires seraient toujours bien payés, le jour que l'ouvrier aura du travail assuré pour toute son existence.

Réforme.

D'après mon système, beaucoup de gens fortunés se trouveraient exclus des emplois publics salariés. En conséquence, tous ceux qui auraient le désir d'augmenter leur fortune, n'auraient qu'à se mettre à faire le commerce à l'étranger pour favoriser l'exportation de nos produits dans les pays outre-mer. Un citoyen qui posséderait 50,000 fr. de rentes, pourrait en sacrifier la moitié tous les ans pour l'exportation des produits français, n'exposant que la moitié de son revenu à son industrie. Pour augmenter sa fortune, il ne compromettrait pas son avenir, ni celui d'autrui, quand une tempête viendrait engloutir dans la mer son produit et une portion de son avoir. Ces hommes ambitieux et en même temps généreux pourraient s'exposer dans les contrées les plus éloignées de notre sol, tandis que ceux qui ont entrepris jusqu'alors ces mêmes expéditions presque toujours avec peu de fonds à eux appartenant ne vont que dans des contrées où ils croient avoir un bénéfice réel et assez souvent se trouvent en concurrence avec la quantité de marchandises qui abondent dans ces mêmes contrées et atteints assez souvent par une tempête qui leur détériore leurs marchandises, qu'ils sont en quelque sorte obligés de vendre plus cher, par la raison qu'ils ont pris à crédit ; et très-souvent ils sont obligés de déclarer faillite par les pertes assez nombreuses qu'ils ont faites pour conserver une petite portion du fruit de leur travail. Pour atteindre ce grand problème, je pense qu'il faudrait deux ans pour le mettre en vigueur, s'il était favorisé par des hommes de cœur et remplis de sentiments généreux, qui ont déjà acquis une grande réputation de lumières et de savoir sur notre belle patrie, ce qui donnerait-il un élan général à la génération de l'avenir, tous les bons citoyens seraient jaloux d'y prêter leur concours.

Depuis le moment où le jugement m'est venu, j'ai remarqué bien des choses qui paraissent bizarres dans la vie, et cependant qui ne sont pas sans intérêt à l'œil observateur de 'homme bien pensant. Sous tous les régimes, avant la République, j'ai remarqué que les hommes bien habillés avaient le soin de se rechercher et entamer des conversations entre eux, étant toujours très-polis mutuellement l'un pour l'autre, et presque toujours avaient un langage dur et dédaigneux pour les personnes mal habillées ; ils ne se faisaient pas la réflexion qu'ils avaient devant eux des hommes très-délicats, pour lesquels ils auraient dû avoir un langage affectueux et des bonnes grâces, comme ils le faisaient à ceux qui, à leurs yeux, paraissaient être leurs égaux par leur langage et leur costume. Si je soumets ces réflexions, c'est que j'en ai été témoin bien des fois. J'ai remarqué le contraire depuis la République : on se cherche les uns aux autres, on ne craint plus de se salir le long de ces blouses ennoblies par le travail ; on cherche à pénétrer jusque dans l'intérieur de la pensée de ces hommes que l'on avait jusqu'alors craint d'aborder et que beaucoup ne voulaient pas prendre le temps d'entendre chez soi pour dépeindre leurs souffrances.

C'est donc un grand bien que la République , puisque les hommes se recherchent les uns aux autres pour le bien de tous. Quelques-uns dont le prétendu amour-propre est froissé, qui croient leurs intérêts compromis par le nouvel ordre des choses restent encore éloignés de ces masses d'hommes qui ont fait preuve de force, de bon sens et de résignation aux souffrances qu'on a à supporter dans cette vie ; que tous les gens qui n'ont pas encore pris le chemin qui doit nous conduire tous à une satisfaction générale , descendent donc et qu'ils s'approchent quand l'occasion se présentera pour eux de connaître la misère et le bon sens de la classe ouvrière , qui ne veut que la tranquillité du riche et d'eux-mêmes ; le seul moyen d'en être bien persuadé, c'est de le voir et l'entendre, ce langage, quelquefois dur, mais qui n'est pas dénué de bons sentiments.

Aux Citoyens représentant la Nation française.

Il est dans ma conviction que tout l'argent qui a été versé dans les classes nécessiteuses n'a pas produit tout le bien qui aurait pu en résulter si on l'eût employé de la manière que je vais le soumettre à votre haut savoir :

Premièrement. L'usine à papiers aurait fait aller la branche de commerce du chiffonnier en gros et en détail. Ces usines s'étant fermées d'elles-mêmes faute de fonds dont le propriétaire manquait par l'impossibilité de s'en procurer, l'État aurait pu faire rouvrir provisoirement ces usines à ses frais : on aurait payé aux ouvriers un salaire de 3 à 4 francs par jour, selon leurs capacités, de sorte que l'ouvrier auquel on aurait assuré de l'ouvrage à 8 francs par semaine , aurait travaillé deux ou trois jours pour que chacun reçût pour le moment ce qu'on pouvait lui donner. Comme vous le voyez, l'argent que vous avez donné au chiffonnier, vous aurait payé sa marchandise qu'il a habitude de ramasser ou d'acheter ; chaque chose aurait repris son cours habituel avec le progrès qui doit en ressortir malgré les quelques mauvaises volontés de certains hommes qui ne trouvent jamais rien de bien établi. De sorte que le gouvernement aurait pu n'avoir que cinquante mille hommes à sa charge au lieu de cent quinze mille qu'il a. Jusqu'à présent, le bon sens des travailleurs a fait preuve de résignation et de bon vouloir ; ce sont donc les bons projets qui ont fait défaut d'être en harmonie avec les choses majeures, si jamais le malheur voulait que nous retombions dans le même démembrement, le passé doit nous servir d'exemple pour mieux faire.

Citoyens, je pense aussi qu'il ne serait pas difficile d'assurer du travail à l'ouvrier qui, jusqu'à ce jour, a toujours eu trois mois de morte-saison par an ; je trouve que toutes les industries ressentent la même conséquence, vu que l'on n'a rien fait jusqu'alors pour remédier à ce grand défaut, qui plonge dans la misère des masses de créatures faibles, vu qu'aucune loi n'est établie en leur faveur pour les ranimer de courage et de persévérance, et qu'ils aperçoivent toujours devant eux un abîme prêt à les ensevelir, puisque même à l'âge de soixante ans la porte des hospices des vieillards est fermée à une foule de gens dont la plupart en a besoin à cinquante ans même. Donc, jusqu'à ce jour, les personnes qui ont été chargées de faire les lois ne les ont faites qu'en leur faveur et non en la faveur de ceux qui en avaient le plus besoin. On s'est toujours contenté de promettre et de ne jamais rien exécuter dans l'intérêt de ces masses raisonnables, qui ont confiance dans l'avenir, et qui attendent avec angoisses et le vif désir de voir leur position s'améliorer. Il est temps d'y remédier, pour que de pareilles calamités n'arrivent plus.

Ainsi donc, je dis que jusqu'à ce jour, les hommes qui nous ont gouvernés, ont bien su trouver le moyen d'assurer à un

million d'hommes, au moins, qui occupent les emplois publics, les plus haut salariés, non seulement le pain quotidien
pour une année entière, mais encore plus, pour trente ans et
sans qu'il leur manque jamais un jour de paie, plus une pension au bout de ces trente ans de services dans des emplois
très-doux, commençant de dix heures du matin jusqu'à quatre heures du soir.

Ces salaires, beaucoup trop élevés pour les personnages
qui ont occupé jusqu'à ce jour les emplois publics, étant
presque tous très-fortunés et n'ayant pas besoin de ces emplois pour subvenir aux besoins de leurs familles. Que ces
gens cèdent donc leur place à ceux qui en ont besoin et qui
pourraient les remplir avec autant de zèle, et qu'eux-mêmes
s'attachent à favoriser l'agriculture dans les pays où ils possèdent des propriétés où ils ont laissé çà et là des portions de
terre non cultivées jusqu'à ce jour et qui ne servaient qu'à flatter l'œil des personnages qui ne sentaient pas le besoin de les
faire valoir et d'en tirer un bénéfice pour eux et pour ceux
qui les entourent. Ainsi donc, je désire voir sortir des délibéra-
tions de notre Assemblée nationale, une loi spéciale pour des
contributions directes, afin d'assurer du travail à l'ouvrier
pour trois cents jours de l'année, et le surplus qu'il le con-
sacre à son repos. Ainsi donc, je le répète encore une fois, que
chaque catégorie d'ouvriers ait son atelier national dans son
arrondissement, afin que lorsqu'il ne trouvera pas d'ouvrage
en ville, qu'il sache où en trouver avec certitude, mais cependant avec moins de bénéfice que dans l'atelier de ville ; et
surtout il sera toujours tenu de faire de l'ouvrage pour la
quantité d'argent qu'il devra recevoir, afin que, sous le prétexte de ne pas être assez fort, la paresse de quelques-uns que
je présume en petit nombre, ne fasse pas obstacle. De sorte que
dans la force moyenne, le terrassier aurait à déplacer, je suppose six mètres cubes de terre d'un endroit à un autre pour
gagner 3 francs par jour, et que s'il n'en faisait que la moitié
il ne recevrait que 1 fr. 50 cent. De même que le cordonnier

qui devrait faire deux paires de bons souliers par jour recevrait sa journée au complet, si non il ne recevrait que selon
son travail ; de même de tous les autres corps d'état dont on
pourrait faire la base des prix raisonnables pour que l'on ne
soit pas exploité l'un par l'autre, vu que certaines gens, jusqu'à ce jour, ne s'étaient pas privé de mettre à exécution quand
l'occasion a été favorable pour leur intérêt personnel, car sous
tous les régimes cela a eu lieu. Et particulièrement sous celui
que nous venons d'abolir ces sortes de choses devenaient en
habitude et presque à l'ordre du jour ; car il y a des gens qui
ne croient avoir beaucoup d'esprit qu'en exploitant les autres.

Citoyens, je crois que le mode d'élection universelle est
excellent, mais de la manière dont il est pratiqué, il y a un
vice. Il avait été dit pour les élections de Paris, qu'il devait
sortir vingt ouvriers les plus instruits et les plus consciencieux,
dont la conduite régulière du passé les aurait envoyés à l'Assemblée nationale pour représenter l'intérêt de leurs frères.
Il n'en a pas été ainsi, pour mon compte je l'avais prévu
d'avance, connaissant la probité des hommes qui ne votent
pas pour ceux dont ils ne connaissent pas les antécédents ; la
preuve est à l'appui de ce que je dis. De sorte que si on
avait voté par arrondissement, on aurait pu aller aux renseignements des actes et de la conduite des ouvriers qui se seraient mis sur les rangs comme représentants ; ceux que l'on
aurait cru les plus dignes, se seraient trouvés nommés. La
faute est donc dans le mode de l'élection ; il est bien clair que
s'il y a un bon citoyen ouvrier à Saint-Denis, que moi ainsi
que bien d'autres n'avons pas pu avoir des renseignements sur
ses antécédents ; c'est pourquoi nous n'avons pas voté pour
lui ; de même que ceux de Saint-Denis n'ont pas pu voter
pour des ouvriers de Paris qu'ils ne connaissent pas. Donc, il
n'a pu sortir des élections que des hommes qui étaient connus
par une histoire quelconque ou par un rôle qu'ils ont joué
dans la société.

Citoyens, je résume ainsi la République : je la regarde comme un enfant qui vient de naître, à qui la mère doit sacrifier tout son temps pour le faire marcher seul. C'est donc de grands sacrifices qu'il faut que la Nation fasse pour mener à bien une bonne République. Il faut que tous les hommes qui ont des rentes pour suffire aux besoins de leur famille quittent à l'instant même les emplois qu'ils occupent, afin de faire place à ceux qui ont autant de capacités qu'eux pour remplir ces mêmes fonctions, et dont le salaire servirait à donner le nécessaire à ces familles jusqu'à ce jour dans la gêne. Ces actes accomplis feraient preuve de patriotisme et de dévouement à la République et donneraient un élan d'amélioration dont on ne pourrait mesurer la distance et satisferaient ainsi toutes les consciences raisonnables, du moins c'est mon avis, et nous servirions d'exemple à tous les peuples.

RÉFLEXIONS

SUR NOTRE EX-ROI ET LES MEMBRES DE SA FAMILLE,

De Juillet 1830 à Février 1848.

Je m'étais figuré en voyant proclamer notre ex-roi comme étant la meilleure République, que sans doute il allait demander à faire rentrer la famille de Napoléon avec laquelle il aurait fait des alliances en proposant au fils de notre ex-empereur celle de ses demoiselles qui lui aurait convenu, de façon que ces deux familles auraient pu s'unir l'une avec l'autre pour ne former qu'un nœud d'amitié. De sorte que tout Français si haut placé qu'il soit n'aurait pas dû être forcé d'aller chercher une femme à l'étranger, car je crois que notre civilisation est assez féconde pour en produire d'aussi dignes qu'en étranger.

27, 28, 29 JUILLET 1830.

Pendant les trois jours où l'on s'est battu j'ai remarqué que pas un nom n'avait été mis en avant et je me disais : comment se fait-il ? on ne sait donc pas pour qui l'on se bat. Je savais bien que c'était pour la liberté, mais on avait eu soin d'écarter les noms de ceux qui devaient en être les protecteurs ; du reste celui qui a été proclamé quelques jours après pour en être le soutien a pris à tâche de tenir cachées la liberté, l'humanité et la fraternité comme il l'avait fait pendant les trois jours où l'on s'est battu. Ce qui le prouve bien c'est qu'il est descendu par le même escalier par lequel il était monté, qui est celui des barricades.

Cet homme avait pourtant été averti par des catastrophes arrivées dans sa famille.

Il se servait très-souvent dans tous ses discours du mot *Providence*, ce mot ne s'harmonisait pas avec sa manière d'agir et encore moins avec les malheurs qui ont frappé les membres de sa famille ; ces malheurs les voici : une de ses demoiselles la plus spirituelle et d'un talent rare a perdu la vie à la suite d'une peur occasionnée par un incendie. La Providence avait besoin d'une sainte, elle l'a prise.

La seconde catastrophe : le meilleur de ses fils, celui qui paraissait avoir compris le mieux la liberté, l'égalité et la fraternité, puisqu'il était aimé par une grande majorité en France et partout où il avait passé, meurt aussi. La Providence avait sans doute encore besoin d'un saint homme puisqu'elle lui a retiré la vie sur cette terre, et comme vous le savez ce sont encore les pavés qui ont brisé ce corps généreux qui n'avait pas fini d'éclore. Ces malheurs n'ont pas attendri le cœur de notre ex-souverain qui aurait pu racheter ses fautes par de grands bienfaits à l'humanité en prenant sur sa cassette pour payer les bons de pain dans les fortes disettes que nous avons eues à subir sous son règne ; de plus, il aurait pu d'abord, en homme prévoyant dans l'autre sens qu'il avait l'habitude d'agir, surveiller et empêcher l'exportation des grains quand les récoltes se montraient sous des auspices peu féconds et obliger tous les citoyens qui composaient la cour à dépenser leur argent à toutes choses utiles : à l'agriculture dans l'été et aux plaisirs frivoles dans l'hiver. Il aurait dû obliger ses enfants à s'établir dans chaque centre des quartiers de Paris et à y tenir le rang de *Liberté*, d'*Egalité* et de *Fraternité* en recevant chez eux, tous les citoyens dont la fortune, l'éducation et les goûts auraient pu s'accorder ensemble, ce qui aurait donné un élan au commerce et assuré du travail à tous les corps d'état. Ainsi donc ces personnages auraient été bien assez récompensés par l'accueil et le privilége qu'ils auraient eu en approchant des hauts dignitaires de l'État, sans qu'ils aient eu besoin de ces croix que notre monarque avait habitude de distribuer aux intrigants et aux égoïstes ; car ces mêmes insignes s'il les eût placés à l'habit du manufacturier qui aurait payé le plus cher ses ouvriers, à la veste et à la blouse de l'agriculteur et du laboureur, enfin à ceux qui se seraient les plus distingués en produisant pour l'humanité. Tandis que jusqu'au jour de sa chute il ne les avait distribuées qu'à ceux qui recevaient de forts salaires et à ceux qui exploitaient le mieux l'industrie de l'ouvrier, ces hommes ne s'occupaient même pas de créer de nouveaux hospices pour le repos des vieillards et des infirmes qui ont contribué par leurs bras et leurs privations à donner l'aisance et la joie à tous ces riches égoïstes qui les ont abandonnés au moment du danger et se sont empressés de porter l'insigne de la République à leurs boutonnières.

RÉFLEXIONS

Sur les hommes qui ont été libérés par l'effet de la Révolution
de Février 1848 , prétendus bons républicains.

Les fautes de ceux qu'ils avaient combattus ne leur ont
pas servi de principe pour devenir eux-mêmes plus sages.
Voyez comme la nature des hommes est bizarre, puisque
le temps de la captivité ne leur a pas servi de bons con-
seils. Je veux parler de celui qui a tenu lieu de drapeau
à la contre-révolution ; que le bon sens public, la force
raisonnable et la générosité des hommes qui se sont sacri-
fiés et dévoués pour la cause sacrée de tous a fait échouer.

Voyez cet homme, BARBÈS ! sortant de ses cachots.
Le gouvernement provisoire le nomme gouverneur du
Luxembourg ; sa première idée est de faire détruire la
prison qui l'avait renfermé, dans la craintive prévision
sans doute que cette prison lui fût réservée pour plus tard.
Il est nommé colonel provisoire de la douzième légion.
Une grande quantité de gardes nationaux anciens protes-
taient contre cette nomination qu'ils prétendaient ne pas
être raisonnable attendu que la garde nationale de ce
quartier avait bien fait le service de la République avec
son lieutenant-colonel et d'autant plus qu'on était à la
veille des nouvelles élections.

Le jour ou Barbès devait être reconnu colonel sur la
place du Panthéon, il y avait une grande fermentation
parmi les gardes nationaux, car il y en avait pour et contre ;
moi je disais que puisque nous avions accepté la République et le gouvernement provisoire de bonne grâce, nous
devions en accepter les hommes et leurs actes et les juger
au travail comme cela doit toujours se faire. Je disais donc

que Barbès était placé au sommet de l'arbre de la liberté,
et que dans notre quartier il était bien haut monté, qu'il
faudrait qu'il fût bien spirituel et bien prudent pour s'y
maintenir et que s'il en était autrement il irait tomber
aussi loin qu'il était haut. Je ne croyais pas à l'époque
avoir dit des choses aussi vraies. Les élections générales
sont ordonnées ; une réunion préparatoire a lieu dans le
Panthéon pour y entendre les citoyens Trélat et Barbès
comme candidats aux grades de lieutenant-colonel et de
colonel. J'y assistais et j'entendais ces deux hommes qui
disaient à la foule qui se pressait autour d'eux. Particulièrement le citoyen Barbès : citoyens je me trouverai
trop heureux de servir la douzième légion comme lieutenant-colonel sous les ordres de mon ami Trélat. La foule
répondit : Vive Barbès pour notre colonel. Le citoyen Trélat monte à la tribune et redit les mêmes paroles que le
citoyen Barbès en ajoutant : je jette le manteau de colonel
sur les épaules de mon ami Barbès avec lequel j'ai com-
battu jadis pour la cause de la République et je me trouverai très-honoré citoyens d'être votre lieutenant-colonel.
Voyez citoyens à quel but sont venus ces deux hommes,
l'un a suivi la pente douce et l'autre celle des précipices.
Maintenant suivons cet homme dans ses actes politiques.

Le 16 avril une fête de fraternité entre les ouvriers et
tous ceux qui avaient bien voulu y prendre part a lieu au
Champ-de-Mars : une quête est organisée entre eux pour
faire un don à la République. Un petit tombereau à bras
est rempli de sous par la générosité de tous les bons citoyens, on se met en marche pour conduire ce don à l'Hôtel-de-Ville où siégeait le gouvernement provisoire. La
police découvrit un complot sous cette manifestation géné-
reuse d'une partie des bons citoyens, complot qui n'était
rien moins que de détruire une partie des membres du gouvernement provisoire. Le rappel bat dans tous les quartiers
de Paris, tous les habitants prennent les armes comme un
seul homme pour le soutien de l'ordre et de la République.

La douzième légion se réunit sur la place du Panthéon ; les gardes nationaux avaient devancé une grande partie des chefs particulièrement les supérieurs. Barbès arrive un des derniers en fait de chef. Il se promenait d'un bout à l'autre de la place sans chercher à s'entretenir de ce qui se passait ; beaucoup des siens l'abordaient en lui disant que ce n'était rien. J'ai fais toutes ces remarques, en voici le motif : c'est que j'ai habitude de me méfier de moi-même et à plus forte raison des autres, sans toutefois les juger en mal. Voici le portrait de Barbès ce jour-là : homme de grande taille, figure ovale, nez allongé assez fort, des yeux grisâtres et à demi renfoncés mais vifs ; regardant tantôt à droite tantôt à gauche et rarement en face ; son costume se composait d'un pantalon gris, une tunique et un schako sans plumet. Enfin après avoir été et venu sur cette place il se décida à nous mettre en mouvement il nous conduisit jusqu'au quai aux fleurs et de là au quai Napoléon sur lequel nous avons stationné. Le commandant en premier du bataillon est arrivé sur les sept à huit heures du soir, enfin nous sommes allés défiler devant l'Hôtel-de-Ville et de là nous sommes revenus chez nous à onze heures du soir.

Maintenant arrivons à l'affaire du 15 mai. A une heure le bruit court que l'Assemblée nationale est envahie par une troupe de réactionnaires, dans laquelle se trouvaient beaucoup d'innocents vu que l'on avait été là pour une pétition en faveur de la Pologne qui du reste avait été remise le samedi d'avant dans les mains du citoyen Vavin par une troupe plus pacifique.

Le rappel bat dans le douzième arrondissement sur l'ordre d'un chef de bataillon de la ligne envoyé par l'Assemblée nationale et qui prend le commandement de la légion qui se réunit sur la place du Panthéon d'où nous sommes partis en grand nombre pour aller à l'Assemblée. Arrivés sur les lieux, la chambre avait été évacuée et la troupe était entrée avec la garde nationale qui avaient chassé les insurgés. Le citoyen Barbès avait joué le principal rôle dans cette affaire : de là il s'en vint à l'Hôtel-de-Ville où il fut arrêté et conduit à Vincennes.

Le premier bataillon dont je fais partie n'avait pas de commandant en premier car il n'est arrivé qu'à huit heures du soir en demandant ce qu'il y avait de nouveau ; nous lui avons répondu : vous devez bien savoir puisque vous étiez du nombre de la députation.

Ce qui est arrivé le lundi, serait arrivé le dimanche au Champ-de-Mars si la fête avait eu lieu, et de grands malheurs en auraient résulté. Tous les insurgés auraient eu leurs armes et se seraient rués sur tous les représentants au moment qu'ils auraient jugé le plus favorable. Je dis de grands malheurs parce que là, auraient été femmes, enfants et tous les hommes armés qui, n'ayant pas pu savoir au juste de quel côté venait la trahison, se seraient hachés les uns les autres et une foule d'innocents auraient péri. Mais Dieu n'a pas voulu qu'il en soit ainsi : là je vois encore sa main, protégeant les bons contre les méchants. Les quatre jours de guerre civile que nous avons passés l'ont bien prouvé quoiqu'il y ait eu beaucoup de victimes innocentes ; car je vois dans l'archevêque de Paris, notre Seigneur Jésus-Christ descendu sur la terre une seconde fois et visible aux hommes. Cet illustre prélat va au milieu des balles demander la paix et la concorde à ces hommes égarés ! ils le reçoivent, ils l'écoutent ! mais parmi les moteurs d'anarchie qui avaient soin de se tenir en arrière du danger se trouva un Judas qui voyant sa cause perdue crut la racheter pas un meurtre et frappa par derrière notre illustre archevêque d'une balle qui le blessa mortellement. Ce bon pasteur à ce moment dit : Que mon sang soit le dernier versé pour arrêter cette guerre civile.

Ce fait n'est pas le seul qui prouve que Dieu est partout. Celui qui le prouve bien encore c'est la mort du général Bréa et de son aide de camp, assassinés à la barrière Fontainebleau. Là il y avait aussi des Judas et des traîtres, ceux qui trompaient le peuple, puisque sous le prétexte de parlementer , ils ont assassiné de la manière la plus infâme ces deux hommes généreux.

Tous ces crimes doivent anéantir à jamais les moteurs de révolutions injustes.

Nous devons faire tous nos efforts pour que les révolutions ne s'accomplissent que par des pétitions parlementaires.

Que les citoyens qui sont appelés à gouverner la France pour l'avenir n'oublient pas les grands malheurs causés par leurs prédécesseurs; que chacun en conserve souvenir pour le transmettre à ceux qui nous succéderont afin d'éviter de pareilles calamités.

Salut et fraternité.

L. T. VOISIN.
Rue Saint-Jacques 125. Paris.

LA
VIE D'UN OUVRIER.

ÉCRITE DEPUIS LA RÉVOLUTION DE FÉVRIER 1848.

AUX OUVRIERS,

CITOYENS, MES FRÈRES,

Je fais appel à votre patriotisme et à votre dévouement à la République pour le bien de tous. Je vous engage à chercher parmi nous des hommes dignes de nous représenter à l'Assemblée législative, pour défendre nos libertés et nos droits conquis par nous; pour défendre la propriété à qui de droit, pour nous donner la facilité d'en gagner à la sueur de notre front par le travail, et subvenir aux besoins de nos familles.

Citoyens, voici ma vie et la règle de conduite que j'ai tenue jusqu'à ce jour, et que j'ai la ferme résolution de continuer à l'avenir. Louis-Toussaint Voisin naquit le 25 octobre 1807, à Orsemont, petite commune près de Rambouillet, département de Seine-et-Oise, d'une famille excessivement pauvre; nous étions neuf enfants, quatre d'un premier lit, dont je suis le dernier. Je n'ai jamais connu ma mère. Dès l'âge de cinq ans ma belle-mère me laissait avec mes petits frères, dont le dernier était au berceau, tandis qu'elle allait aux champs; là commencèrent mes premiers travaux. Quand je fus un peu plus grand, j'allais ramasser des pierres dans les champs et du crottin sur les routes et sur les chemins, couper dans les avoines et dans les froments les chardons, laines et autres herbes nuisibles à la récolte. En 1815 arrive la déchéance d'un tyran pour un autre que l'étranger met à sa place par la force des baïonnettes.

Je dis tyran tout en lui rendant hommage pour les grandes choses qu'il a faites, parce que cet homme, si haut placé par son génie militaire et organisateur, s'est abaissé par les grandes fautes qu'ils a commises et par son ambition qui l'ont envoyé mourir loin de sa patrie dans une île déserte ; ses fautes à mes yeux, les voici :

C'est d'avoir demandé le divorce pour se séparer d'une femme la plus illustre en science et en bonté que le sol français ait porté, elle qui lui avait aidé à grandir et à marcher à pas de géant ; et d'autres fautes encore, comme celle d'avoir laissé fusiller le duc d'Enghien dans les fossé de Vincennes quand il pouvait lui donner sa grâce ; comme celle encore de s'être emparé du royaume d'Espagne et d'y avoir placé son frère en quelque sorte malgré lui ; plus détrôner le Pape pour nommer son fils roi de Rome. À quoi tout cela a-t-il servi ? A révolter contre nous tous les peuples et les rois liés ensemble pour nous faire payer les frais de la guerre injuste qu'ils avaient entreprise contre nous. Où est cette famille si belle, si florissante jadis ? elle est comme celle de Louis-Philippe obligé aujourd'hui de chercher un asile en Europe où elle n'est pas encore sûres de reposer en paix. Jamais famille n'avait vu une plus belle position ; l'ayant perdue par obstination et par l'esprit de vouloir dominer à tout prix, chose infâme pour soi-même comme pour les autres.

Là, commencent les grandes misères de notre existence pauvre. Alors je les comprenais, quoique bien jeune encore ; j'avais huit ans. Je voyait les Prussiens qui étaient logés chez nous qui pillaient le peu d'objets que nous possédions et souvent maltraitaient ma belle-mère en la frappant avec la baguette de leur fusil sur les épaules, lui disaient FOURTECHEMEN pour avoir de l'eau-de-vie et autres objets que nous ne possédions pas. A la suite de cette calamité en vint une plus grande encore. Une récolte pourrie sur pied dans les champs par les pluies qui tombaient continuellement ; les blés, les avoines germaient sur la terre ; on ne pouvait qu'avec grand'peine rentrer cette récolte presque entièrement perdue, on n'en tirait qu'un pain noir comme le charbon, qui ne cuisait pas et restait en mortier ; on le jetait contre un mur il y restait. Jugez, mes frères, de la misère du pauvre ! A cette époque nous étions réduits à aller mendier de ferme en ferme pour vivre ; je partais, avec un de mes frères, le lundi matin, et nous rentrions le semedi soir, ayant ramassé une vingtaine de sous en liards, une trentaine de morceax de pain désséché ou délayé par la pluie qui nous traversait jusqu'aux os, et très-souvent marchant les pieds nus dans la boue, dans l'eau, quelquefois dans la glace, lorsque nous étions obligés d'abandonner nos sabots cassés dans des chemins presque impraticables aux piétons.

A cette époque, mon père et mon frère aîné gagnaient 14 fr. par semaine, et ils mangeaient 14 francs de pain : cela ne pouvait donc pas suffire à neuf personnes que nous étions à ce moment-là. Ma belle-mère fut donc réduite à prendre ses trois enfants et s'acheminer au même trajet que nous faisions nous-mêmes. Cela a duré une année tout entière. J'avais alors neuf ans ; nous nous donnions au travail dans les fermes afin de ne plus aller mendier. Depuis ce jour je n'ai pas cessé de travailler : c'est pourquoi je fais appel aux travailleurs et à la bonne conduite que les hommes doivent tous avoir. Je fus donc à garder les moutons et les vaches, et à leur donner leur nécessaire, ce que l'on appelle garçon de cour ; de là je passai dans les chevaux où j'allai herser, labourer, et je devins deuxième charretier.

En 1823, je quittai mon pays natal avec regret, pour venir à Versailles, le jour où le duc d'Angoulême revenait d'Espagne. Ce jour m'est toujours resté dans la mémoire. Mon père vint m'accompagner près de Rambouillet, où je devais prendre la voiture ; il me dit : Mon garçon, rapelle-toi du principe que je vais te donner : qu'il ne t'arrive jamais de dérober la moindre des choses à personne, pas même un petit couteau d'aucune valeur qui pourrait te flatter. Le jour que tu mettrais cet objet dans ta poche, le vice viendrait prendre possession de ton cœur. En prononçant ces parole, mon père, pleurant, m'embressa et me quitta en me donnant sa bénédiction. Cette marque d'amitié m'avait surpris, d'autant plus qu'il avait l'habitude d'être bourru pour nous tous qui lui accordions un respect absolu.

Arrivé à Versailles, je fus placé dans un hôtel qui se nomme Hôtel du Grand-Monarque, près la grille de l'Orangerie; j'étais en même temps garçon d'écurie, laveur de vaisselle, et je servais les étrangers qui venaient dans cet hôtel. J'y restai sept mois ; j'yfit cent francs d'économies de mon salaire et des pour-boire que je recevais.

Je fus demandé à Paris par un de mes frères aînés, campagnon de mes premières fatigues. J'entrai en qualité de domestique, rue Plumet, 25, chez un entrepreneur de menuiserie, homme vénéré de tous les ouvriers qu'il occupait. Au bout de trois ans ; j'eus la douleur de le voir périr sous la ferme d'un bâtiment (pièce de bois qui sert à soutenir le toît), rue Neuve-Paradis, faubourg Poissonnière. Je me trouvais donc sans condition ; mon frère me cède sa place pour apprendre un état, et je rentre chez un maître maçon, nommé Auguste Gouffié, qui reste maintenant Chaussé du Maine. J'étais traité comme l'enfant de la maison. Le désir de connaître le grand monde me fit quitter ce bon maître. Je fus placé chez un riche tailleur de la rue Richelieu, par mon frère qui pensait toujours à moi, lui qui, faute de travaux avait été forcé de renoncer à l'état qu'il avait entrepris, et s'était replacé domestique chez M. Oudot fils. Il fut pris par une maladie nommée le croup, qui le mena au tombeau. M. Oudot l'ayant parfaitement fait soigner, je désirais lui en être reconnaissant. Je lui offris donc mes services comme gage de reconnaissance, J'avais alors dix-huit ans, et je rentrai au service de cet honnête homme. J'y restai jusqu'au moment de ma conscription ; je tombai au sort : j'étais donc réduit à être soldat. Je dois vous dire que M. Oudot me proposa de me faire des avances pour me faire remplacer ; mais, craignant de ne pouvoir remplir ces engagements moi-même, je le remerciai. J'allais m'engager pour choisir le 4e hussard ; mais j'avais été malade aussi à cette époque, j'étais faible ; M. Gilbassier, recruteur, refusa de me recevoir. Je fus donc obligé d'aller attendre le moment de la révision dans mon pays. C'était le moment de la moisson, je me mis au travail comme si je ne l'avais pas quitté.

Le jour de la révision arrive ; je me présente au jury : ou m'adresse ces paroles : Jeune homme, qu'avez-vous à réclamer ? Je réponds avec franchise : J'ai voulu m'engager pour choisir mon régiment. Si vous me trouvez bon pour le service, demain j'irai trouver M. Gilbassier, qui me passera en revue une seconde fois, et me fera entrer dans ce régiment, s'il se trouve d'accord avec vous. Jugé exempt du service militaire, je reviens à Paris, où je me replaçai domestique chez un digne homme, nommé M. Douillard, habitant de la Guadeloupe, qui restait alors rue Saint-Jacques, 212, tout occupé à l'éducation de ses enfants. Je restai chez lui cinq ans. La régularité de mon état était de servir à table, d'avoir soin des appartements, de nettoyer les habits, les bottes, les souliers de sept personnes; de monter le bois de la cave dans les appartements, qui étaient au premier, au second et au troisième étage. Tous les jours, il fallait être à cinq heures du matin chez lui, été comme hiver, régulièrement; mais à huit heures du soir je me trouvais libre, ce qui me convenait bien, vu que j'ai toujours aimé la liberté après le devoir rempli. Je ne l'ai quitté que pour apprendre l'état d'emballeur. Cet homme me dit : « Allez, mon garçon, quand vous aurez besoin de moi, vous viendrez me voir. A mon défaut, un des miens me remplacera pour vous être utile. »

Pendant trois ans, j'exerçai l'état comme apprenti et comme ouvrier. Pour apprendre cet état, j'ai fait le sacrifice de six cents francs de mes économies domestiques. J'ai donné six mois sans recevoir aucun salaire : j'avais, à cette époque, vingt-cinq ans, j'étais marié, et j'avais un enfant en nourrice.

Au bout de trois ans, la maison où j'avais fait mon apprentissage se trouve à vendre; je traite avec mon ancien patron, et je vais retrouver le fils de ce digne homme, dont je viens de parler. Il me prête 4,000 francs, et je paie mon fonds comptant avec cette somme. Mon prédécesseur me laisse pour 2,000 francs de marchandises et de loyer payés d'avance; ce qui faisait 6,000 francs que je devais à deux personnes. Il me restait entre les mains 1,000 francs de mes économies domestiques pour faire face à l'alimentation de mes achats, que je me proposais de faire toujours au comptant. Le jour où je suis entré en possession de cette maison que j'occupe aujourd'hui, je me dis : Je travaillerai tous les jours de la semaine, fêtes et dimanches, depuis six heures du matin jusqu'à dix et onze heures du soir, quelquefois jusqu'à une heure du matin, tant que je n'aurai pas fini de payer les 6,000 francs que je dois. Ce que j'ai dit, je l'ai fait ; et je me suis dit : le jour où j'aurai fini de payer mes dettes, je réunirai mes parents et mes amis, et à partir de ce jour-là, la boutique sera fermée de midi à deux heures les dimanches et les jours de fêtes. Les ayant réunis, je lenr dis : Mes amis, aujourd'hui j'ai donc rempli tous mes engagements dans l'espace de deux ans et quelques mois ! Je dois vous dire aussi qu'à partir de ce jour, je gagnerai 1,000 francs de moins par an. Ils répondent pourquoi ? Je leur dis : c'est que je ne pourrais pas travailler comme je l'ai fait par le passé. Du reste, je crois être d'accord sur ce point avec vous, puisque vous me disiez que je travaillais trop, et que ce n'était pas raisonnable; qu'en effet il fallait se contenter d'un petit bénéfice analogue à ses forces et à son organisation.

Depuis cette époque, voilà la huitième année qui s'écoule, je n'ai jamais dévié de mes premières habitudes ; aujourd'hui je m'en trouve très-bien. Quoique je ne sois pas riche, n'ayant rien acheté à crédit, je n'ai pas de billets en circnlation, ce qui me donne la satisfaction de pouvoir faire travailler les ouvriers que j'ai l'habitude d'occuper. Depuis le premier jour de mon établissemeut, ce sont toujours les mêmes, et des pères de famille, dont un a cinq enfants, et qui seraient très-malheureux aujourd'hui si je n'avais pas continué à les faire travailler. Si j'entre dans tous ces petits détails, c'est pour faire comprendre qu'une administration, grande ou petite, bien administrée, mettrait les peuples, comme les familles, à l'abri de grandes calamités. Tout ceci n'est qu'un aperçu des souffrances et des contrariétés que l'on a à payer dans cette vie. La chose essentielle, c'est d'avoir la liberté, la santé et la paix du cœur. Oui, il est beau quand on peut se dire à quarante-et-un ans : J'ai bien souffert; mais peu importent les souffrances qu'on a pu avoir quand on a pu venir en aide à son père, à sa mère, à ses frères et sœurs, à des cousins, à des neveux, à des amis, lorsque l'occasion s'est présentée de leur être utile. Prendre l'intérêt des autres, c'est prendre le sien; du moins c'est ma maxime. Donc, citoyens, je vous conjure de choisir des hommes qui auraient pu me surpasser dans cette règle de conduite que je viens de vous tracer, pour être nos représentants à l'Assemblée législative et nous faire de bonnes lois pour assurer du travail à l'ouvrier, et un salaire pour suffire aux besoins de nos familles.

FIN.

Ce groupe d'enfants nous représente le premier âge jusqu'à vingt ans ; je suppose qu'ils vivent tous, ils nous représente dix millions dans cet âge et passez plus loin il forment le noyau de la société sur laquelle tout repose puisque c'est la force des âges. Nous avons dit qu'en France il y avait trente-cinq millions d'habitants, je dispose la société en trois catégories, dont dix millions depuis un an jusqu'à vingt ans dans cet âge et vingt millions depuis vingt ans jusqu'à cinquante ans. Le noyau de la force de l'âge ; de cinquante à soixante-dix ans, cinq millions, terme moyen de l'existence de l'homme où nous descendons dans le tombeau, et celui qui prend cinquante ans vient le remplacer pour recevoir la rente viagère.

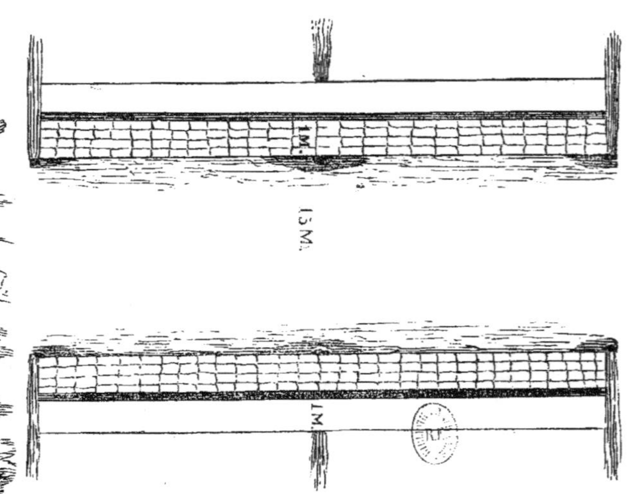

Voici comment j'entends le remaniement des routes nationales : particulièrement celles qui sont les plus fréquentées : je crois qu'il serait désirable de les voir disposées en deux chaussées et un trottoir sur chaque côté des deux rives, de sorte qu'il y aurait trois ruisseaux dont un entre les deux chaussées et les autres le long des trottoirs ; plus une berge de terre à la hauteur d'un mètre au-dessus du trottoir et d'un mètre de large également qui borderait les routes et les champs au lieu de fossés ; ensuite pour l'écoulement des eaux il y aurait de distance en distance de petites voûtes sous ces berges pour le passage des eaux. Avant de combler les fossés on ôterait la bonne terre qui s'y trouve, on mettrait des pierres, puis un lit de bois que l'on aurait soin de faire charbonner, on l'étendrait sur les pierres, plus une couche de feuilles d'arbres mêlées de mousse, et l'on remettrait de la terre par dessus pour les combler entièrement ; ceci fait servirait à engloutir l'eau qui séjourne dans les terrains plats ; plus ceci tiendrait frais les pieds des arbres à fruits que l'on planterait le long de ces berges de terre, et par le moyen de ces petites voûtes l'eau s'échappera en petite quantité. Pour engloutir les grandes eaux on creusera les endroits où elles séjournent habituellement afin d'en avoir en réserve en cas de disette dans les temps secs qui se prolongent quelquefois trop longtemps.

Dans le groupe de droite nous voyons vingt personnes qui nous représentent les vingt millions de personnes dans la force de l'âge et les cinq de gauche nous représentent les cinq millions qui viennent recevoir ce que les vingt millions ont versé le dimanche. Chacun de ces personnages nous représentent un million d'individus habitant la France ; ceux qui ont vingt ans payeraient 1 fr. de contribution par semaine jusqu'à cinquante ans, et après cet âge ils recevraient la part de la contribution des vingt millions de fr. qui seront déposés tout les dimanches avant midi de sorte que les cinq millions qui ont passé cinquante ans auront une rente viagère pour la première année 208 fr. chaque personne. Plus nous avancerons plus nous recevrons. Après l'âge révolu de cinquante ans, nos pères et mères ainsi que nos frères et sœurs recevront aussitôt que la loi serait faite, chaque personne devra avoir un livret pour être en règle comme à la caisse d'épargne ; on pourra selon les localités, établir des comptoirs pour y déposer et recevoir chacun pour compte, et la société toute entière est garantie par sa propre force et son gouvernement, car nous sommes tous solidaires l'un pour l'autre.

50